ຂ້ອຍຫຼົ້ນກິລາເຕະບານ

ຂຽນໂດຍ: ອາມານີ ພູນາອາດານາ
ຮູບໂດຍ: ຊາຣິຕິ ຣັດເຊວ

Library For All Ltd.

ຂ້ອຍຫຼັບກິລາເຕະບານ

ຈັດພິມຄັ້ງທຳອິດໃນປີ 2019. ແປ ແລະ ຈັດພິມໃນ ສປປ ລາວ ປີ 2019.

ຈັດພິມໂດຍ: ອົງການ Library For All
ອີເມວ: info@libraryforall.org
URL: libraryforall.org

ປຶ້ມພາສາລາວເຫຼັ້ມນີ້ ຖືກສະໜັບສະໜູນໂດຍການຮ່ວມມືຂອງ

ຮູບແຕ້ມຕົ້ນສະບັບໂດຍ ຊາຣົຕ ຣັດເຊວ

ຂ້ອຍຫຼັບກິລາເຕະບານ
ກຸນາວານາດາ, ອາມານີ
ISBN: 978-9932-09-039-6
SKU00835

ໂສ້ໆຂາສ້ບ

ເສື້ອຍືດ

ຕິງຕົບ

ແຜ່ນພັບໜ້າແຄ່ງ

ເກັບເຕະບາມ

ໝວກໃບ

ໝາກບານ

ຂ້ອຍຫຼັ້ນກິລາເຕະບານ!

ທ່ານມັກປື້ມເຫຼັ້ມນີ້ບໍ່?

ທ່ານສາມາດອ່ານປື້ມແບບນີ້ໄດ້ເພີ່ມເຕີມ
ທີ່ຜະລິດໂດຍອົງການ Library For All

ອົງການ Library For All ຜະລິດສື່ການອ່ານ ທີ່ມີຄຸນນະພາບ
ເໝາະສົມກັບອັດທະບະທຳເພື່ອການສຶກສາ ໂດຍນຳໃຊ້ບະອັດຕະ
ກຳແອັບພິເຄຊັ່ນທ້ອງສະໝຸດແບບອິນຸກ. ພວກເຮົາເຮັດວຽກຮ່ວມ
ກັບນັກຂຽນໃນທ້ອງຖິ່ນ, ຄູອາຈານ, ທີ່ປຶກສາດ້ານອັດທະບະທຳ,
ລັດຖະບານ ແລະ ອົງການຈັດຕັ້ງທີ່ບໍ່ຂຶ້ນກັບລັດຖະບານ
ເພື່ອມອບຄວາມສຸກຂອງການອ່ານໃຫ້ແກ່ເດັກນ້ອຍ ທຸກໆແຫ່ງ.

ມາອ່ານນຳກັບເຮາະ!
libraryforall.org

ຂໍ້ມູນທາງບັນນາບຸກົມຂອງຫໍສະໝຸດແຫ່ງຊາດ

ອາມານິ ກູນາວາດານາ

ຂ້ອຍຫຼຶບກິລາເຖະນານ L / ໂດຍ ອາມານິ ກູນາວາດານາ.
-- ວຽງຈັນ: ມັກອານ, 2020

24 ໜ້າ: ພາບປະກອບສີ; 21 ຊມ
1. ວັນນະກຳສຳລັບເດັກ
I. ຊື່ເລື່ອງ

808.899282 – dc21
ISBN 978-9932-09-039-6
ເລກທະບຽນພິມຈຳໜ່າຍ: ຕາມທບ 122 ພຈ 03022020

ກ່ຽວກັບຜູ້ຂຽນ

ອາມານີ ກູນາວາດານາ ໄດ້ອົບພະຍົບຈາກສີລັງກາ ມາອາໃສຢູ່ ປະເທດອົດສະຕຣາລິພ້ອມຄອບຄົວຂອງລາວ ຕອນລາວອາຍຸໄດ້ 5 ປີ. ລາວໄດ້ຮຽນຢູ່ມະຫາວິທະຍາໄລ ແຄກົນ, ເມວເບີນ, ແລະ ໄດ້ຮັບປະລິນຍາຫາງດ້ານ ສຶກສາສາດ. ນອກຈາກຈະເປັນ ແມ່ທີ່ຕ້ອງລ້ຽງລູກນ້ອຍ 3 ຄົນ, ລາວມັກທີ່ຈະຂຽນເລື່ອງຕ່າງໆ ເມື່ອລາວມີເອລາວ່າງ. ລາວມີຄວາມສຸກກັບການອ່ານປຶ້ມ ກ່ຽວກັບເດັກນ້ອຍ ທີ່ມີຄວາມແປກປະຫຼາດ, ມີຈິນຕະນາການ ແລະ ມີຄວາມມ່ວນຊື່ນ.